Sina Nuêmo

Kinderhoroskop für den Erstgeborenen

Sina Nuêmo

Kinderhoroskop für den Erstgeborenen

Etwas Jenseitiges verleiht dem Leben seinen Zauber

Goldene Rakete Verlag für Belletristik

Imprint

Cover image: www.ingimage.com

Publisher:
Goldene Rakete Verlag für Belletristik
is a trademark of
International Book Market Service Ltd., member of OmniScriptum Publishing Group
17 Meldrum Street, Beau Bassin 71504, Mauritius

Printed at: see last page
ISBN: 978-620-2-44332-6

Inhaltsverzeichnis[1]:

[1] Vgl. Liz Green und Astrodienst AG.

I. Der psychologische Typus Ihres Kindes

1. Einfühlsames Eingehen auf die Bedürfnisse anderer

Im Innersten seiner empfindsamen und feinfühligen Persönlichkeit gibt es ein tiefes Bedürfnis nach Zusammengehörigkeit und emotionalen Beziehungen zu anderen Menschen. Dieses Bedürfnis, sich mit anderen auf der emotionalen Ebene zu treffen, wird schon früh in seinen fein abgestimmten Reaktionen auf die Gefühle der Menschen in seiner Umgebung sichtbar werden – er reagiert sogar auf emotionale Strömungen in der Familie, die unbewusst sind und daher nicht zum Ausdruck kommen. Er besitzt ein angeborenes Mitgefühl und will, dass er gebraucht wird. So übernimmt er möglicherweise schon früh eine Art Elternrolle, kümmert sich um jüngere Geschwister und will jeden Hund und jede Katze mit nach Hause nehmen, die ihm über den Weg laufen. In der Schule wird er ein ganz natürliches Mitgefühl für den Sündenbock in der Klasse haben. Er liebt es, anderen zu helfen, und er möchte niemandem weh tun. Diese schöne Eigenschaft sollte niemals ausgebeutet werden. Die Eltern und andere Familienmitglieder müssen möglicherweise darauf achten, dass sie seine Großzügigkeit nicht ausnützen und ihn für ihr eigenes Wohlbefinden verantwortlich machen, denn er wird diese Verantwortung – zu seinem großen Nachteil – übernehmen, ohne viel zu fragen.

Wie jedes andere Kind braucht er Zeit und Platz für sich selbst, doch er kann dies nur schwer einfordern, weil er Angst hat, abgelehnt oder allein gelassen zu werden. Da ihm die Gefühle anderer so wichtig sind, wird er wahrscheinlich seine eigenen Bedürfnisse unterdrücken, um die der anderen erfüllen zu können. Er besitzt einen seltenen Charme und eine natürliche Fähigkeit, die Verstimmungen anderer auszugleichen und zu besänftigen. Dies sind wunderbare Gaben, die respektiert und nicht einfach hingenommen werden sollten. Die Erfahrung der Zugehörigkeit zu einer größeren Gemeinschaft – zuerst zu seiner Familie und später zu einem engen Freundeskreis – wird ihn froh und glücklich machen, doch ebenso braucht er die Ermutigung, seine eigenen Werte zu erkennen und zu äußern. Er sollte daher niemals in die Rolle des Familienseelsorgers gedrängt werden, auch wenn er sich immer wieder freiwillig dafür anbietet.

2. Der Kampf um Unabhängigkeit

Seine größte Schwierigkeit besteht sehr wahrscheinlich in einer zu starken Abhängigkeit von der Liebe und Zustimmung anderer. Sein empfindsames und stark intuitives Wesen macht ihm sehr deutlich bewusst, wie andere ihn wahrnehmen, selbst wenn sie es zu verbergen suchen. Folglich verwendet er vermutlich viel Zeit und Mühe darauf, liebevolle und bestätigende Reaktionen von seinen Eltern und anderen Familienmitgliedern zu bekommen. Doch die Stimmungen und Bedürfnisse dieses Kindes bilden einen Kreislauf, und es wird immer wieder einmal nötig sein, dass er sich zurückzieht, um sich zu erneuern und ein deutliches Identitätsgefühl in sich selbst zu entdecken. Das zyklische Wesen seiner Stimmungen zeigt sich wohl schon seit den ersten Wochen seines Lebens – seine für gewöhnlich glückliche und freundliche Natur kann plötzlich umschlagen und ohne sichtbaren Grund in sich gekehrt und verdrießlich sein. Wenn es nicht gerade daran liegt, dass er frische Windeln braucht, einen neuen Zahn bekommt oder Verdauungsbeschwerden hat, müssen die Eltern solche Stimmungen wohl einfach als Teil seines Wesens akzeptieren. In Wirklichkeit zeigen seine Stimmungswechsel das starke Bedürfnis, mehr innere Unabhängigkeit zu erreichen – erst von seinen Eltern, dann von Freunden und Lehrern, die als einzige Quelle der Liebe und Zustimmung alle eine viel zu große Bedeutung angenommen haben könnten. Er muss lernen, sich selbst zu schätzen und zu bestätigen, ohne dabei auf ständige Rückmeldungen angewiesen zu sein. Diese Notwendigkeit – die er so früh im Leben wahrscheinlich nicht als solche erkennt – äußert sich in seinen plötzlichen Stimmungsumschwüngen.

Es wäre sehr hilfreich, ihn im Laufe seines Heranwachsens dazu anzuhalten, seine Zeiten der Zurückgezogenheit als normal und natürlich anzusehen. Dann könnte er diese Zeiten dazu nutzen, seinen wirklichen Gedanken und Gefühlen nachzugehen, ohne Repressalien von Familienmitgliedern befürchten zu müssen, die ihn lieber in seiner hilfsbereiten und freundlichen Art sehen würden. Daher ist es auch von grundlegender Bedeutung, dass sein liebevolles Wesen nicht von der übrigen Familie als eine Art seelische Nahrung missbraucht wird. Vielleicht ist er sogar gern dazu bereit, doch letzten Endes würde es ihn innerlich sehr wütend machen. Seine angeborene Neigung zu menschlicher Nähe und Harmonie verlangt als Ausgleich die Fähigkeit, Auseinandersetzung und Alleinsein zu ertragen.

3. Verständigungsschwierigkeiten

Obwohl er intuitiv stark auf die Gefühle anderer eingeht, könnte er in der Entwicklung seiner kommunikativen Fähigkeiten etwas langsamer sein, so dass es ihm schwer fällt, diese Gefühle in Worte zu fassen. Sein natürliches Verständigungsmittel sind nicht Worte, sondern Gefühle und bildhafte Vorstellungen. Der Gesichtsausdruck des Vaters oder der Mutter oder der Ton, in dem etwas gesagt wird – das sind Dinge, die deutlicher zu ihm sprechen als alle Erklärungen. Es dürfte sehr schwierig sein, etwas Bestimmtes vor ihm zu verbergen, indem man es in ein anderes Licht zu rücken versucht. Da Worte in mancher Hinsicht ein umständliches Medium für sein hoch entwickeltes emotionales Wesen sind, fühlt er sich manchmal unbeholfen oder wie zugeschnürt, wenn es darum geht, anderen seine Bedürfnisse mitzuteilen. Statt die Dinge offen auszusprechen, neigt er vielleicht zu subtilen Andeutungen. Diese Andeutungen können von kleinen psychosomatischen Symptomen bis hin zu Wutanfällen reichen, die sich auf etwas scheinbar Unerhebliches beziehen und die wirkliche Ursache seiner Wut verdecken. Auch kleinen emotionalen Manipulationen und vorgetäuschter Hilflosigkeit ist er nicht unbedingt abgeneigt. Später, in der Schule, wird er sich vielleicht mehr auf eine gute Beziehung zu einem Lehrer verlassen als auf akademische Fähigkeiten. Obwohl er wahrscheinlich über einen sehr einfallsreichen Geist verfügt, kann es schwierig für ihn sein, originelle Ideen vorzubringen, weil er befürchtet, die anderen könnten nicht zustimmen. Der Bereich der Kommunikation ist deshalb so wichtig für ihn, weil seine natürlichen Verständigungsmittel subtil und nonverbal sind. Geduld, Aufmunterung und Verständnis können viel dazu beitragen, dass er sich anderen gegenüber mit größerer Zuversicht klar und objektiv äußert.

II. Wesentliche Persönlichkeitsanteile

1. Ein Kind, das die Traumwelt liebt

Obwohl er auf der Erde zu leben scheint, wie andere Kinder auch, gehört sein Herz doch dem Höheren. Er ist ein Kind mit einer besonderen Vorstellungskraft, das sich innerhalb der Grenzen des materiellen Lebens wohl nie ganz zu Hause fühlen wird. Wie eine Märchengestalt sucht er instinktiv nach einer Welt, die vom Guten, Wahren und Schönen durchstrahlt ist und in der das Schlechte, Falsche und Hässliche immer unterliegt. Im Laufe seiner Entwicklung könnte er instinktiv annehmen, dass es im Leben immer so ist. Wenn er dann den Zauber, den er sucht, in den Aufgaben und Enttäuschungen des gewöhnlichen Lebens nicht findet, zieht er sich vielleicht hin und wieder in eine von ihm selbst geschaffene Phantasiewelt zurück. Fühlt er sich verwirrt und bedroht, so kann er sehr melancholisch werden sich abkapseln. Dann bleibt er lieber im Bett und versteckt sich hinter einem Schutzschild eingebildeter Krankheiten vor der äußeren Welt. Seine innere Vorstellung des Schönen und Zauberhaften ist so stark, dass er es vielleicht schlicht und einfach ablehnt, die rauheren Seiten der Wirklichkeit anzuerkennen – die unbewusste Grausamkeit anderer Kinder, den Tod eines Haustieres, die alltäglichen kleinen Schrammen und Beulen. Gelegentlich mag es scheinen, als sei er im Vergleich zu anderen Kindern psychisch sehr „dünnhäutig“, so dass ihn das Leben schnell verletzt. Doch trotz seiner Feinfühligkeit hat er Zugang zu einem sehr subtilen und tiefgründigen Aspekt der Wirklichkeit – zur magischen Welt der Träume und Vorstellungen. Ausreichende Förderung und Unterstützung kann es ihm ermöglichen, diese Welt in das Hier und Jetzt zu übertragen.

2. Die Sehnsucht nach Zusammengehörigkeit

Seine Persönlichkeit zeigt ein wenig unscharfe Konturen – als ob das scharfe „Ich zuerst!“ anderer Kinder bei ihm fehlen würde. Aufgrund dieser subtilen Grenzverwischung ist er ein sehr aufnahmebereites Kind, das leicht auf die Gefühle anderer reagiert. Das bezieht sich nicht nur auf die Gefühle einzelner Menschen, sondern auch auf die unbewussten Stimmungen innerhalb der Familie oder einer bestimmten Gruppe anderer Kinder. Er kann die Trauer oder den Schmerz anderer ungewöhnlich deutlich wahrnehmen, und man kann sich darauf verlassen, dass er immer sofort reagiert, wenn jemand in seiner Nähe – und sei es ein Haustier – unglücklich ist. Das mag manchmal verwirrend für ihn sein, denn er spürt dieses Unglück in sich selbst und wird es als sein eigenes äußern. Verwirrend kann es auch für die Eltern sein, die vielleicht befürchten, sein Unglück verursacht zu haben, wo er doch eigentlich mehr auf eine allgemeine psychische Stimmung reagiert. Er ist wie ein Barometer, das jede feinste Gefühlsnuance der Menschen anzeigt, die er liebt und denen er nahe ist. Wenn er über längere Zeit hinweg unglücklich ist, könnte die Ursache dafür in Angelegenheiten innerhalb der Familie zu suchen sein, die nicht zur Sprache kommen. Der Versuch, sich nichts anmerken zu lassen, wäre keine gute Idee, denn er würde jede Unehrlichkeit sofort spüren. Viel besser wäre es für alle Familienmitglieder, in Bezug auf ihre Konflikte offen zu sein, denn so kann er lernen, seine eigenen Gefühle von denen anderer zu unterscheiden. Er spricht auch sehr stark auf Harmonie und Schönheit an. Grobheit, Gewalt und Brutalität – ob körperlich oder emotional, offen oder versteckt, absichtlich oder unbewusst – werden ihn immer ängstigen und abstoßen. So kann es leicht sein, dass er während seiner ganzen Kindheit häufig Enttäuschungen erlebt, denn er erwartet von anderen oft mehr, als sie geben können. Die unbewusste Grausamkeit mancher Kinder auf dem Spielplatz kann bei ihm große Angst und tiefe Trauer auslösen, während andere Kinder dies einfach als einen Aspekt des Lebens auffassen. Es ist sehr wichtig, dass die Eltern ihn behutsam mit allen Schattenseiten des Lebens und der menschlichen Natur bekannt machen, denn er neigt dazu, die Dinge nur schwarz-weiß zu sehen. Die Bösen reiten immer schwarze Pferde, die Guten immer weiße, und das Leben „sollte" gerecht sein. Doch trotz all der Enttäuschungen, die ihm aus diesem inneren Idealismus entstehen können, ist er ein sanftes und liebevolles Kind, dessen bezaubernd romantisches Wesen besonders ansteckend wirkt. In seiner Nähe werden auch andere sanfter, freundlicher und eher geneigt, immer nur das Beste anzunehmen. Da er so mitfühlend ist, werden sich Familienangehörige und Freunde in seiner Gegenwart wahrscheinlich ruhiger und glücklicher fühlen.

3. Die Sehnsucht nach Nähe im Widerstreit mit dem Alltag

Er zeigt eine gewisse schwer fassbare „Andersartigkeit" – er scheint Dinge zu sehen, die sonst niemand sieht, und Musik zu hören, die sonst niemand hört. Dieser ätherische Anteil seines Wesens, der aus einer anderen Welt zu stammen scheint, kann als eine gewisse Neigung zutage treten, sich in eine Traumwelt zurückzuziehen. Er scheint manchmal ganz woanders zu sein, ist unaufmerksam gegenüber täglichen Aufgaben und Verpflichtungen und sträubt sich dagegen, wieder auf die Erde herunterzukommen. Wenn die Eltern auf seine Stimmungen achten, bemerken sie vielleicht hin und wieder eine tiefe Traurigkeit an ihm, verbunden mit dem innigen Wunsch, irgendwo anders zu sein als im Hier und Jetzt. Das mag besonders dann deutlich werden, wenn er unter irgendeiner Enttäuschung oder Frustration leidet. Dies wird bei ihm – anders als bei manchen anderen Kindern – nicht zu einem Temperamentsausbruch, sondern zu einem Rückzug in die Melancholie führen. Aber eigentlich hat er große Angst davor, einsam zu sein. Er sehnt sich nach emotionaler Verschmelzung mit den Menschen in seiner Nähe. Das macht ihn ungewöhnlich liebevoll und auch besonders empfänglich für Liebesbezeugungen; es bereitet ihm aber auch ungewöhnlich großen Kummer, wenn er allein gelassen wird oder bei Anderen Kälte, Gleichgültigkeit oder Verärgerung spürt.

Er hat einen gewissen angeborenen Widerwillen dagegen, sich selbst als getrenntes Individuum zu verstehen. Im Laufe seines Heranwachsens könnte er sich daher an früheren Verhaltensweisen festklammern, z. B. indem er Daumen lutscht oder sich nicht von einem alten, kaputten Spielzeug trennen will. Er möchte in seiner kindlichen Traumwelt bleiben und sträubt sich dagegen, in einen menschlichen Körper einzutreten.

Dieser Widerwille gegen die reale Welt kann in jedem kritischen Stadium der Entwicklung zutage treten, vom Abstillen über das Laufenlernen bis hin zu den Schwierigkeiten im Zusammentreffen mit anderen Kindern und beim Eintritt in den schulischen Alltag. Er könnte auch eine starke Abneigung gegen ein Brüderchen oder Schwesterchen hegen, aber nicht aus gewöhnlicher Eifersucht, sondern weil es Gefühle der Getrenntheit und Einsamkeit in ihm weckt. Wahrscheinlich zeigt er seine Abneigung nicht als offene Wurt, sondern neigt eher dazu, zu schmollen oder sich in Traurigkeit, Tränen oder scheinbare Krankheiten zurückzuziehen, die nichts anderes sind als der Versuch, zur vollkommenen Verschmelzung der ersten Lebenstage zurückzukehren. Manchmal kann er in seinem Bestreben, andere einander näherzubringen, recht durchsichtige Manipulationen vornehmen, und sein genaues Gespür für deren Gefühle lässt ihn unfehlbar auf die richtigen psychologischen Knöpfe drücken, Die kreative Seite bei dieser Schwierigkeit ist, dass jedes Mal seine Vorstellungskraft auf den Plan gerufen wird, wenn er mit irgendeiner Trennung zurechtkommen muss. Und das öffnet die Tür zu den wirklichen Begabungen seines Wesens, die in seinem enormen kreativen Potential liegen. Früh im Leben wird er dieses Potential zur Linderung seiner Ängste benutzen – Phantasiegestalten und imaginierte Spielkameraden sind wahrscheinlich ein beliebtes Mittel gegen die Einsamkeit. Hat man Verständnis für sein Bedürfnis, sich ein Gefühl der Einheit mit anderen zu bewahren, so kann man ihn vorsichtig dazu ermutigen, auch die Getrenntheit und das Anderssein der Menschen zu akzeptieren, die er liebt. Hierin liegt die größte Schwierigkeit, mit der er im Leben zu kämpfen haben wird.

4. Schwierigkeiten mit dem Körper und seinen Bedürfnissen

Das ganze Reich der materiellen Welt kann ihm manchmal recht bedrohlich erscheinen. In der frühen Kindheit mag es sich für ihn als eine besonders schwierige Aufgabe erweisen, die Koordinierung seiner Körperbewegungen zu erlernen. Nicht, dass er nicht dazu in der Lage wäre, doch die Erfahrung körperlicher Grenzen belastet ihn so sehr, dass er wahrscheinlich ärgerlich und frustriert ist, wenn die Wirklichkeit nicht seiner Vorstellung entspricht. Auch Hunger und körperliche Unannehmlichkeiten wie Erkältungen, Entzündungen, Beulen und Schrammen können übermäßig wütende oder leidende Reaktionen hervorrufen. Im Laufe seiner Entwicklung könnte er auf jede körperliche Herausforderung ängstlich reagieren. Das mag in der späteren Kindheit zu angestrengten Bemühungen führen, dies auszugleichen – z. B. beim Sport oder in Bezug auf seine körperliche Erscheinung -, die eigentlich eine Abwehr gegen Gefühle der Unsicherheit sind. Er hat auch ein sehr feines Gespür für derlei Dinge in der Familie. Ängste oder Konflikte innerhalb der Familie in Bezug auf häusliche Abläufe, Geld, Gesundheit oder Sexualität werden ihm nie lange verborgen bleiben. Der ganze Bereich des Materiellen ist für ihn geheimnisvoll und oft auch beängstigend. Da seine Vorstellungsgabe so fruchtbar und aktiv ist, wird er sich realen Herausforderungen oft durch eine Flucht in die Welt der Phantasie zu entziehen suchen. Er muss lernen, seinen Körper mehr zu schätzen, und dazu mag eine ganze Menge Hilfe und Ermutigung von Seiten der Eltern nötig sein. Da er so wenig geneigt ist, die Herausforderungen der materiellen Wirklichkeit anzunehmen, braucht er in diesem Bereich besonders viel Geduld und Verständnis. Was er dagegen überhaupt nicht braucht, ist eine repressive, heimlich tuerische oder strenge Einstellung zur materiellen Welt, denn das würde ihn nur noch weiter in den inneren Rückzug treiben. Es ist sehr wichtig, dass die Eltern möglichst offen, entspannt und aufrichtig in Bezug auf alle materiellen Dinge sind, angefangen bei der Benutzung der Toilette bis hin zu etwas später wichtigen Dingen wie Körperpflege, Sexualität, Geld und materielle Verpflichtungen. Im Laufe seiner Entwicklung kann er ohne weiteres lernen, in angemessener Weise mit den Herausforderungen des Alltags umzugehen. Doch das Reich des Irdischen wird wohl niemals sein bevorzugter Aufenthaltsort sein, und so wird er in jungen Jahren sehr viel Mitgefühl und Ermutigung brauchen, um wirkliches Vertrauen in seine diesbezüglichen Fähigkeiten und in seine eigenen Werte zu entwickeln.

5. Etwas Jenseitiges verleiht dem Leben seinen Zauber

So gibt es etwas schwer Fassbares, Ätherisches und Jenseitiges an ihm, das wirklich zauberhaft ist, das aber auch eine große Verletzbarkeit gegenüber den Herausforderungen der materiellen Welt widerspiegelt. Dennoch braucht er keineswegs übermäßig beschützt zu werden. Seine Neigung, im Reich der Phantasie zu leben, würde es ihm – zusammen mit einem übermäßigen Verhätscheln durch die Eltern – nur noch schwerer machen, ein angemessenes Gleichgewicht zu finden, während er heranwächst. Gewiss braucht er Ermutigung dazu, die Herausforderungen des täglichen Lebens anzunehmen – besonders was die schmerzhafte Aufgabe betrifft, sich abzulösen und eine unabhängige Identität zu bilden. Doch vor allem sollte er als das geschätzt werden, was er wirklich ist: ein Kind, dessen Reichtum in seiner Vorstellungskraft und seiner Fähigkeit liegt, eine feinere, höhere und schönere Dimension des Lebens zu spüren, als viele Menschen sie je wahrnehmen werden. Auch wenn die Wertvorstellungen innerhalb der Familie eher materiell ausgerichtet sind, ist es wichtig, dass seine strahlende innere Welt nicht lächerlich oder verächtlich gemacht wird. Er ist empfänglich für viele Seiten des Lebens, die andere Kinder – und viele Erwachsene – nicht wahrnehmen können oder wollen, und es dürfte sehr schwierig sein, ihn mit Heucheleien oder absichtlicher Täuschung hinters Licht zu führen. Er wird manche Schwierigkeit zu überwinden haben, und vielleicht ist er gelegentlich etwas allzu dünnhäutig, um mit den rauhen Seiten des Lebens gut zurechtzukommen. Die Gewalt der Eltern, der Tod eines Haustieres oder – wie es unter Kindern ja durchaus vorkommen kann – die Erfahrung, einmal zum „Prügelknaben“ gemacht zu werden, sind völlig ausreichend, um einen landdauernden Kummer zu bewirken. Wenn Sie ihm helfen, eine objektivere und realistischere Haltung zu erreichen, ohne ihm dabei Vorgaben zu machen oder seine jungen Ideale anzugreifen, so ist dies zugleich auch die kreativste Art und Weise, mit seiner Verletzbarkeit umzugehen. Vertrauen und Optimismus, seine angeborenen Eigenschaften, werden ihn letzten Endes immer in die Lage versetzen, sich von allen möglichen Erfahrungen des Lebens wieder zu erholen.

6. Ein großes Verlangen will erkannt sein

Im Gegensatz zu seinem hellen, ätherischen Geist gibt es auch noch eine andere, etwas rauhere Gestalt in seinem inneren psychischen Drama. Diese weniger stark entwickelte Seite kann ihm den so nötigen Realismus und große Ausdauer geben, wenn sie nur verstanden und zur Entwicklung angeregt wird. Hier verbergen sich all jene intensiven instinktiven und emotionalen Bedürfnisse, die ihn während seiner Entwicklung in Konflikte bringen könnten, weil sie so intensiv und ursprünglich sind. Willenskraft und ein starkes Verlangen werden unweigerlich zu Konflikten mit den Eltern und Konkurrenz mit den Geschwistern führen, und für sein friedliebendes und sanftes Wesen werden derartige Konflikte zweifellos recht schmerzhaft sein. So ist es wahrscheinlich, dass er im Laufe seines Heranwachsens versucht, die Erfahrung und Äußerung seiner auf Trennung gerichteten Gefühle zu vermeiden. Das könnte zu indirekten, unbewussten Äußerungsweisen wie etwa psychosomatischen Symptomen (Hautreizungen, Magenverstimmungen, Kopfschmerzen), Alpträumen oder unberechenbaren Anfällen destruktiven Verhaltens führen. Jeder Mensch hat mehrere Seiten, und er macht in dieser Hinsicht keine Ausnahme. Ermutigen Sie ihn dazu, seine manchmal höchst aggressiven Gefühle und Bedürfnisse anzuerkennen und zu schätzen. So tragen Sie zur Entwicklung seines dringend benötigten Selbstwertgefühls bei, mit dem er zu einer stärkeren und ausgeglichenen Persönlichkeit werden kann.

7. Die Traumwelt durch die Instinkte ausgleichen

Dieses zauberhafte und bezaubernde Kind ist sehr offen für eine magische Welt, und viele Erwachsene würden gut daran tun, diese Welt anzuerkennen; doch es ist auch erdverbundener und intensiver, als es den Anschein haben mag. Er verfügt über eine ganz besondere Verbindung von äußerster Feinheit und Einfühlsamkeit auf der einen Seite mit einer starken Sinnlichkeit und emotionalen Intensität auf der anderen. Für das erstere braucht er Beistand und Unterstützung, damit seine fruchtbare Vorstellungskraft und sein Feingefühl anderen gegenüber den Schlägen des Lebens widerstehen können. Etwas in ihm will um jeden Preis gut sein und in einer Welt leben, in der Freundlichkeit, Schönheit und Gerechtigkeit an erster Stelle stehen. Glücklicherweise wird er selbst für Freundlichkeit, Schönheit und Gerechtigkeit sorgen, denn diese Eigenschaften bilden den Kern seiner Persönlichkeit und werden sich während seiner ganzen Kindheit immer wieder auf das Schönste entfalten. Doch ohne die Schwere einer starken körperlichen und emotionalen Natur wäre er in Gefahr, auf einer Wolke idealisierter Vorstellungen zu entschweben und von sich selbst und den Menschen, die er liebt, allzu viel zu erwarten. Werden seine grundlegenderen Instinkte richtig geschätzt und gefördert, so kann ihm das helfen, sich stärker auf andere bezogen und mehr zu Hause in seinem Körper zu fühlen. Auf diese Weise wird er auch zunehmend besser in der Lage sein, seine Feinfühligkeit und seinen Idealismus vor den rauheren Seiten des Lebens und anderer Menschen zu schützen. Eine solche Zusammenführung von Gegensätzen fällt niemandem leicht. Doch sie beginnt in der Kindheit: Mit der Hilfe und dem Verständnis der Eltern wird er sowohl seine Instinkte als auch sein Phantasie erforschen, ohne dabei im Lauf der Zeit zu der Überzeugung zu kommen, diese beiden Welten müssen sich gegenseitig ausschließen.

8. Das Bedürfnis gebraucht zu werden

Er besitzt ein sehr offenherziges Wesen und empfindet tiefes Mitgefühl für andere. Während seiner Kindheit wird er sich allmählich zu einer hilfreichen, fürsorglichen und recht unscheinbaren Persönlichkeit entwickeln und sich mehr um die Menschen in seiner Nähe kümmern als um sich selbst. Für die Menschen, die er liebt, würde er alles tun, und vielleicht lässt er es sich eine Menge Spötteleien und Schikanen von Geschwistern und Gleichaltrigen gefallen, ohne sich dafür zu rächen. Wie verletzt und enttäuscht er auch sein mag, wahrscheinlich ist er weiterhin freundlich zu den Menschen in seiner Nähe. Anders als aggressivere Kinder hat er wenig Vergnügen daran, die Eltern auf die Probe zu stellen oder anderen seinen Willen aufzuzwingen. Im Mittelpunkt seines Lebens stehen andere Menschen, und er wird alles nur Erdenkliche tun, um sich ein gewisses Zusammengehörigkeitsgefühl zu bewahren. Er neigt auch wenig dazu, sich gewaltsam in den Mittelpunkt zu stellen. Wahrscheinlich ist es ihm lieber, eine Rolle „hinter den Kulissen" zu spielen – still, hilfsbereit, anspruchslos und wirklich glücklich, wenn dem Bruder, der Schwester oder einem Freund etwas glückt. Auch in die Gruppen innerhalb der Schule wird er sich gut einfügen, und zu Hause könnte er die Rolle des Vermittlers übernehmen, wenn es zwischen den Eltern oder unter den Geschwistern zu Streitigkeiten kommt. Er nimmt Rücksicht auf die Gefühle anderer und besitzt großes angeborenes Taktgefühl. Vor allem aber liebt er es, wenn andere ihn brauchen, denn dann fühlt er sich lebendig, mit einbezogen und wichtig. Wenn er älter wird, mag er einen gewissen Mangel an innerer Spannkraft zeigen, weil er dazu neigt, sich auf Kosten seiner eigenen Identität mit anderen zu identifizieren. Er kann sich nicht gut gegen die Forderungen anderer wehren, denn er hasst das Gefühl der

Isoliertheit, das jede Bekundung seiner eigenen Wünsche begleitet. Vielleicht müssen die Eltern ihn dazu ermutigen, für sich selbst einzustehen, denn zuweilen mag es den Anschein haben, als würde er es lieber ertragen, verletzt und ausgebeutet zu werden, als unabhängig, unverletzt und einsam zu sein.

9. Sympathie und Verletzbarkeit

So ist er sehr intensiv in seinen emotionalen Bedürfnissen und ausdauernd in seinem Wunsch, sich die Nähe zu den Menschen zu bewahren, die er liebt. Doch vielleicht zeigt er seine Stärke nur ungern offen und zieht es vor, eine Hilflosigkeit und Verletzbarkeit an den Tag zu legen, die – wenngleich häufig echt empfunden – auch sehr wirksame Mittel sind, um ohne aggressive Forderungen die nötige Zuneigung und Unterstützung zu bekommen. Er zeigt große seelische Tiefe und erspürt alle emotionalen Nuancen in der Stimmung um ihn herum – vor allem jene, die andere gern verbergen möchten. Außerdem hat er ein instinktives Mitgefühl für andere Menschen, besonders wenn sie leiden oder unglücklich sind. So verletzbar und empfindlich er manchmal auch sein mag, besitzt er doch auch eine überraschende Spannkraft. Trotz seiner Neigung, schon kleiner Enttäuschungen als Weltuntergang anzusehen, ist er emotional überaus tolerant und wird getreulich und ohne Ansehen seiner Fehler jene verteidigen, die er liebt. Da er die Gefühle anderer so deutlich wahrnimmt, wird er trotz seiner Verletzbarkeit immer obenauf sein und den Herausforderungen des Lebens mit Weisheit und einem feinen Unterscheidungsvermögen begegnen. Helfen Sie ihm, objektiver zu werden und ehrlicher auszudrücken, und er wird Sie mit seiner unerschütterlichen Treue und seinem mitfühlenden Herzen belohnen.

10. Ein heldenhafter Geist

E besitzt einen feurigen, tapferen und sehr eigenwilligen Geist. In der frühen Kindheit wird er sich instinktiv gegen alle Einschränkungen wehren und hartnäckig versuchen, der äußeren Welt seine Wünsche und Bedürfnisse aufzuzwingen. Die Eltern würden gut daran tun, keinen süßen, wohlerzogenen Engel zu erwarten – es sei denn, er hat bekommen, was er wollte, und strahlt gerade seinen einzigartigen, sonnigen Charme aus. Er ist von Natur aus weder unlenksam noch rücksichtslos. Doch er hat eine starke, energische Persönlichkeit und muss regelmäßig seine Muskeln spielen lassen – sowohl geistig als auch körperlich, um seine Kraft zu erproben und seine Fähigkeiten unter Beweis zu stellen. Der Dichter William Ernest Henley schrieb einst: „Ich bin Herr meines Schicksals, Kapitän meiner Seele." Diese Zeilen passen sehr gut auf ihn, denn er ist innerlich sehr stolz, motiviert und begierig auf neue Herausforderungen. Sein Unabhängigkeitsbedürfnis wird sich in jedem Entwicklungsbereich bemerkbar machen, angefangen von seinen ersten Schritten bis hin zur Erreichung hochgesteckter Ziele in der Schule. Er wird immer glücklich und zufrieden sein, wenn es ihm gelungen ist, ein Hindernis zu überwinden oder sich gegen die Konkurrenz durchzusetzen. Versuchen Sie nicht, ihn zu verhätscheln oder übermäßig zu beschützen, denn er muss seine Stärken entdecken, indem er aus den eigenen Fehlern lernt. Ebenso würde die gewaltsame Unterdrückung seines lebhaften Geistes durch harte Disziplin oder emotionale Manipulationen nur zu großen, bleibenden Problemen führen. Wie jedes andere Kind braucht er kein distanziertes Desinteresse, sondern Liebe, Zuneigung und Verständnis. Doch er wird auch schon früh sehr viel Freiheit und das Gefühl brauchen, dass die

Menschen, die er liebt, wirklich an seine Fähigkeit glauben, seine Ziele im Leben durch eigene Anstrengung zu erreichen.

11. Stolz und unabhängig

So ist er ein stolzes, mutiges Kind, das im Laufe seiner Entwicklung versuchen wird, einen eigenen Lebensweg zu finden. Auch seine frühen Unabhängigkeitsbestrebungen müssen respektiert werden. Sollten die Eltern bei sich selbst den Wunsch entdecken, ihn schwach und abhängig zu halten und an ihr Zuhause zu binden, so müssen sie sich vielleicht zuerst mit ihren eigenen Problemen auseinandersetzen, um ihm einen möglichst guten Start ins Leben bieten zu können. Sein rastloser und dynamischer Geist kann durch allzu viele Einschränkungen leicht unterdrückt werden. Gelegentlich könnte es so aussehen, als sei er selbst sein schlimmster Feind. Schüchtert man ihn mit strenger Autorität ein oder verwirrt man ihn durch emotionale Manipulationen, so wird sich sein starker Wille dennoch äußern – dann allerdings mit verdeckten Mitteln, in denen sich seine immer stärker angestaute Wut spiegelt. Wie alle Kinder – und auch Erwachsenen – fühlt er sich zuweilen verwundbar und unsicher. Er braucht genauso viel Liebe, Unterstützung und Bestätigung wie andere Kinder, deren Zartheit vielleicht deutlicher sichtbar ist; doch es mag ihm schwerfallen, um Hilfe zu bitten – meist wird er lieber versuchen, alleine zurechtzukommen. Freundlichkeit weiß er zutiefst zu schätzen, doch will er sich nicht davon abhängig machen. In mancher Hinsicht könnte er überraschend früh die Stärken eines Erwachsenen zeigen. Er ist kein Übermensch, aber er besitzt große Kraft, eine starke Persönlichkeit und eine Vorliebe für Herausforderungen und Siege. Obwohl er vielleicht besser geben als nehmen kann, verdient er Liebe, Respekt und Bewunderung für die makellose Integrität seines mutigen, hervorragenden Geistes.

III. Emotionale Bedürfnisse und Beziehungen

1. Gebt mir Stabilität!

Wenngleich er eigentlich lieber in luftigeren, phantasievolleren Bereichen lebt, braucht er in seinen Beziehungen zu anderen Menschen vor allem das Gefühl, dass sie ihm eine sichere Struktur mit bekannten und zuverlässigen Verhaltensregeln und Umgangsformen geben. Um sich in seiner Welt sicher und geborgen zu fühlen, braucht er viel geistigen Austausch und muss ganz klar verstehen, was um ihn herum vor sich geht. Seien Sie also dazu bereit, ihm die Erklärung zu geben, die er braucht, und seine Fragen geduldig und der Reihe nach zu beantworten. Auf der emotionalen Ebene braucht er immer wieder erneute Bestätigung dafür, dass das Leben in geregelten Bahnen verläuft und vertrauenswürdigen Gesetzen unterworfen ist. Gerade in Beziehungen zu anderen wird er versuchen, diese Bestätigung zu bekommen. Auf der Liste seiner emotionalen Bedürfnisse stehen die Bereitschaft, ihn zu beschützen, Zuverlässigkeit, Treue und Beständigkeit an oberster Stelle – diese Dinge sind ihm wichtiger als überschwängliche Liebesbezeugungen, die sich beim leisesten Anzeichen einer Belastung oder drohenden Krise in Luft auflösen. Er wird auch alles daransetzen, sich den Menschen, die er liebt, als treu und zuverlässig zu erweisen. Halten Sie, was Sie ihm versprochen haben, denn für gute Absichten und dann schnell gefundene Entschuldigungen hat er wenig Verständnis. Wahrscheinlich fällt es ihm nicht leicht, Freundschaften zu schließen, denn er braucht Zeit, um herauszufinden, ob das andere Kind wirklich zuverlässig ist. Doch gerade durch die Erfahrung von Schwierigkeiten in Beziehungen – Trennungen, Streit, Enttäuschungen – und durch die Entdeckung, dass die Liebe immer noch da ist, wird er allmählich ein solides und dauerhaftes Gefühl der Bindung entwickeln. Deshalb werden Freundschaften, die er während der Kindheit schließt, wahrscheinlich sein ganzes Leben lang bestehen bleiben.

Sein zurückhaltendes und treues emotionales Wesen ist auch sehr ausdauernd und eigenwillig. Er ist fest entschlossen, die gewünschte Reaktion und den gewünschten Menschen zu bekommen, und wird – oft mit sehr subtilen Mitteln – alles nur Erdenkliche tun, um den Widerstand aufzureiben, wenn er sich vernachlässigt oder abgelehnt fühlt. Wahrscheinlich geht er einem offen ausgetragenen Konkurrenzkampf um Liebe und Gefälligkeiten möglichst aus dem Weg, doch vermutlich widerstrebt es ihm zutiefst, die Zuneigung der Eltern mit seinen Geschwistern teilen zu müssen. Er bindet sich sehr stark an die Menschen, die er liebt, so dass andere seine Bedürfnisse zuweilen etwas überwältigend finden mögen – auch wenn er keine offenen emotionalen Forderungen stellt. Seine Treue ist absolut, doch wahrscheinlich kann er kaum über sich selbst lachen und auch nicht den leisesten Spott über seine Gefühle ertragen. Er ist extrem subjektiv in seinen Reaktionen und kann nicht ohne weiteres verstehen, dass die geliebten Menschen ihr eigenes Leben führen und ihre Zuneigung auf ihre eigene, individuelle Art und Weise zeigen müssen.

Er sucht in seinen Beziehungen vor allem Ordnung und Stabilität, und deshalb braucht er möglichst viel Beständigkeit, Verlässlichkeit und Loyalität auf Seiten der Eltern, Familienangehörigen und Freunde oder Freundinnen. Vielleicht nimmt er seine Gefühle manchmal etwas allzu ernst und kann sich zurückgezogen, empfindlich und auf eine abwehrende Art stolz zeigen. Doch er hat einen angeborenen Glauben an die Beständigkeit echter Liebe und erwartet von anderen die gleiche

Ausdauer und Hingabe, zu der er selbst bereit ist. Seichte oder wechselhafte Zuneigung und überschwängliche Liebesbeteuerungen, die es dann an echter praktischer Unterstützung fehlen lassen, sind schmerzhaft und bedrohlich für ihn. Er besitzt die traditionellen Tugenden der Geduld und der Treue, und er verdient es, dass man ihm genauso begegnet.

2. Der Vater als eine Machtfigur

Er ist von seinem Vater fasziniert, weil er in ihm einen Mann von großer emotionaler Tiefe und Macht sieht. Obwohl sich sein Vater gelegentlich alles andere als mächtig fühlen mag, ist sein Sohn doch wie gebannt von ihm – und fürchtet sich manchmal auch ein bisschen vor ihm, selbst wenn sein Verhalten und Benehmen dazu keinerlei Anlass geben mögen. Doch er erlebt seinen Vater nicht als gewöhnliches menschliches Wesen, sondern eher als eine mit subtiler Macht ausgestattete Märchengestalt, und er wird diese zauberhafte Gestalt letzten Endes verinnerlichen müssen, um sich selbst als jemanden erfahren zu können, der klug und stark genug ist, um gegenüber allen Herausforderungen des Lebens bestehen zu können. Je besser Vater und Sohn in der Lage sind, eine menschliche, erdverbundene Alltagsbeziehung zueinander herzustellen, desto hilfreicher wird diese Beziehung für ihn im Laufe seiner Entwicklung sein. Dann wird er auch zwischen dem echten Menschen, den er liebt, und der Märchengestalt seiner Phantasie unterscheiden können. Deshalb ist es wichtig, dass Streitigkeiten zwischen den Eltern nie als Rechtfertigung dafür genommen werden, die sich entwickelnde emotionale Verbindung zwischen Vater und Sohn zu stören, denn er ist durch derartige Manipulationen leicht verletzbar und würde nur mit tiefem Schmerz und Misstrauen reagieren. Auch wenn bestimmte Umstände wie etwa berufliche Zwänge oder Konflikte innerhalb der Familie Abwesenheiten oder eine Trennung erzwingen, wird die Tiefe und Intensität seiner Gefühle für seinen Vater nicht nachlassen. Deshalb ist die Qualität der Zeit, die Vater und Sohn unbeschwert von den unausgesprochenen Dingen innerhalb der Familie zusammen verbringen können, weitaus wichtiger als die Frage, wie oft und wie lange sich die beiden sehen.

Er erwartet von seinem Vater vor allem, dass er seine Gefühle ehrlich äußert, damit er ihn als fehlbares menschliches Wesen erleben kann, das nicht distanziert und bedrohlich, sondern offen und liebevoll ist. Subtile Machtspiele oder das Verschweigen wichtiger Familiengeheimnisse könnten ihm manche Probleme bereiten, denn je weniger er über seinen Vater weiß, desto eher wird er ihn sich als eine Gestalt von riesigen, furchterregenden Ausmaßen vorstellen, und das könnte ihm später im Leben Schwierigkeiten machen, Männern zu vertrauen. Da er eine so tiefe Bewunderung für seinen Vater empfindet und sich so sehr danach sehnt, ihm zu gefallen, sind unnachgiebige Autorität oder der Missbrauch von Macht – sei er offen oder subtil manipulierend – nicht nur unnötig, sonder möglicherweise auch sehr destruktiv für sein Selbstvertrauen. Deshalb sollte der Vater nichts unversucht lassen, seinen Sohn auf einer alltäglichen Ebene kennenzulernen und es ihm zu ermöglichen, ihn als wirklichen Menschen mit ganz gewöhnlichen Bedürfnissen, Schwächen und Ängsten zu sehen. Er braucht keinen vollkommenen oder stets heldenhaften Vater – er erlebt ihn als subtil und weise und wünscht sich, dass er ihm hilft, mutig und aufrichtig mit seinen eigenen, turbulenten Gefühlen umzugehen. Da diese Beziehung in einer tiefen und geheimnisvollen emotionalen Affinität wurzelt, könnte sie für den Vater sehr heilsam und für den Sohn ein ausgesprochen positives Vorbild sein – vorausgesetzt, die nötige emotionale Ehrlichkeit ist vorhanden, wann immer Vater und Sohn zusammen sind.

3. Mutter ist eine Märchenprinzessin

Er empfindet eine besondere Wertschätzung für die Anmut und Freundlichkeit seiner Mutter, die für ihn eine gütige, schöne Frau ist. Auch wenn seine Mutter sich müde, gestresst und alles andere als anmutig und schön fühlt, wird er versuchen, freundlich, höflich und mit einem rührenden Beschützerinstinkt auf ihre Bedürfnisse und Wünsche einzugehen. Außerdem wird er alles tun, um sowohl der Liebling seiner Mutter als auch ihr Beschützer zu sein, und, wenn auch verdeckt, so doch sehr heftig mit seinem Vater und gegebenenfalls mit seinen Geschwistern um die Liebe und Aufmerksamkeit seiner Mutter konkurrieren. Da er sich so sehr darum bemüht, seine Mutter nachzuahmen, könnte es ihm schwerfallen, eine eigene, individuelle Identität zu entwickeln. Auch wenn seine Mutter innerhalb der Familie schwere Verantwortung trägt und wenig Zeit hat, charmant oder bezaubernd zu sein, wird er in ihr immer eine liebliche, verfeinerte Prinzessin sehen, die nur vorübergehend und aufgrund höherer Gewalt die Rolle des Aschenputtels spielt. Seine geheimste Vorstellung von seiner Mutter weist einen märchenhaften Hauch von Erlesenheit und Schönheit auf. Daher neigt er, wenn er älter wird, wahrscheinlich dazu, die Eigenheiten seiner Mutter nachzuahmen und dabei auch eine gewisse Eifersucht an den Tag zu legen, die an die Redensart erinnern mag, dass Nachahmung die ernsteste Form der Schmeichelei ist. Die Rivalitäten, die er seiner Mutter gegenüber wahrscheinlich an den Tag legen wird, müssen einfühlsam aufgenommen und als das gesehen werden, was sie sind: nicht als Versuch, die Mutter zu verletzen und zu demütigen, sondern als der tiefe Wunsch, möglichst so zu sein wie seine Mutter.

So muss jede Phase der Feindseligkeit gegenüber seiner Mutter im Lichte seiner tiefen Bewunderung für sie als Symbol idealer Weiblichkeit gesehen werden – besonders dann, wenn er mit verschiedenen Mitteln versucht, die Beziehung seiner Eltern zu stören. Es ist besonders wichtig, dass seine Mutter sich dieser Tatsache bewusst ist und sich nicht von ihrer eigenen Unsicherheit dazu verleiten lässt, eifersüchtig zu sein oder sich bedroht zu fühlen. Er braucht sehr viel liebevolle Ermutigung, um seine eigenen Gefühle, Werte und Vorlieben zu entwickeln, und es wäre besonders hilfreich für ihn, wenn er seine Eifersucht äußern dürfte, ohne dafür offen oder mit subtilen Mitteln bestraft zu werden. Trotz seiner Konkurrenzgefühle ist seine Treue zu seiner Mutter sehr tief, so dass er sich bei allen Konflikten innerhalb der Familie instinktiv auf die Seite seiner Mutter stellen wird. Doch seine Mutter muss auch in der Lage sein, ihrem Wunsch nach der Zuneigung ihres Sohnes die Tatsache gegenüberzustellen, dass auch seine Treue und Liebe zu anderen Familienmitgliedern – vor allem zu seinem Vater – wichtig ist und Geltung hat. Die starke Zuneigung zwischen Mutter und Sohn kann wunderbar heilsam und bestärkend für beide sein. Doch man sollte ihn – sei es vorsätzlich oder unbewusst – nie in Konflikte zwischen den Eltern hineinziehen, weder als Beschützer noch als Rivale. Die Mutter sollte in den manchmal turbulenten Gewässern der frühen Lebensjahre ihres Sohnes mit äußerstem Feingefühl navigieren; dann könnte er schließlich auch Vertrauen zu sich selbst fassen; und es würde ihm auch helfe, tiefe und dauerhafte Freundschaften mit Frauen einzugehen. Vielleicht teilen Mutter und Sohn künstlerische Interessen miteinander und haben ähnliche Vorlieben, und vermutlich orientiert er sich auch bei der Entwicklung seiner ästhetischen und sozialen Werte an seiner Mutter. Weil diese Beziehung in so vieler Hinsicht wunderbar und erfüllend sein kann, wird jede Bemühung beider Eltern um besondere Sorgfalt und Aufmerksamkeit reich belohnt werden.

IV. Ängste und Unsicherheiten

1. Die Angst davor, wertlos zu sein

Obwohl seine Stärken eigentlich hauptsächlich im Bereich der Phantasie und Vorstellungskraft liegen, hat er das tiefe Bedürfnis nach Selbständigkeit in der materiellen Welt. Instinktiv weiß er, dass er sich – wie alle anderen Menschen auch – letztlich nur auf sich selbst verlassen kann. Doch er hat auch große Angst vor der erschreckenden Komplexität der materiellen Welt, angefangen von der ersten Aufgabe, seine Körperbewegungen zu koordinieren, bis hin zu den späteren Herausforderungen, sich seinen Lebensunterhalt zu verdienen und es zu etwas zu bringen. Trotz seines tiefen Wunsches nach Selbständigkeit fühlt er sich manchmal sehr unsicher, was seinen eigenen Wert und seine Fähigkeit betrifft, mit diesen Herausforderungen fertig zu werden. Daher mag seine allmählich sich entwickelnde Beziehung zu seiner materiellen Umgebung langsam und in bestimmten Lebensbereichen auch schwierig verlaufen, wenngleich er sich, ganz allgemein gesehen, sehr fähig zeigen mag. Vielleicht widerstrebt er sehr stark allen Bemühungen, ihm ganz grundlegende Aufgaben und Erfordernisse näherzubringen, und zeigt eine unerklärbare Angst vor bestimmten körperlichen Übungen. Besondere Vorlieben oder Abneigungen bei Körperpflege und Ernährung könnten darauf hinweisen, wie unbehaglich er sich in seinem Körper fühlt. Wenn er älter wird, könnte er intensive Gefühle in Bezug auf bestimmte Spielsachen oder persönlichen Besitz zeigen, an manchen Dingen übermäßig hängen, andere dagegen nachlässig oder sogar zerstörerisch behandeln. Da er sein Selbstwertgefühl mit seiner körperlichen Realität – also mit seinem Körper, seiner Ernährung, seinem Besitz und seiner materiellen

Umgebung – gleichsetzt, werden sich Angst und Unsicherheit in Bezug auf seinen Selbstwert symbolisch in einer regellosen Beziehung zu seiner materiellen Realität wiederspiegeln.

Verständnis und ein mitfühlendes Eingehen auf seine Sorgen in Bezug auf die materiellen Welt können sehr viel dazu beitragen, dass er zuversichtlicher wird und mehr Selbstvertrauen gewinnt. Wenn er beispielsweise bestimmte Speisen nicht mehr mag oder Auffälligkeiten in seinen Essgewohnheiten zeigt, kann Aufruhr in der häuslichen Umgebung eine wesentliche Ursache dafür sein. Vielleicht reagiert er besonders empfindlich auf plötzliche Veränderungen oder Störungen in seiner materiellen Umgebung und äußert seine Angst symbolisch im Essen als einer Quelle der Sicherheit und Geborgenheit. Der Versuch, ihm eine möglichst zuverlässige und beständige Umgebung zu bieten, wird ihm helfen, sich sicherer und zuverlässiger zu fühlen, denn er hat Angst davor, dass man ihm alles Mögliche immer gerade dann wegnimmt oder es woanders hinbringt, wenn er allmählich das Gefühl hat, damit umgehen zu können. Auch könnte gemeinsamer Besitz zu Schwierigkeiten zwischen ihm und seinen Geschwistern führen. Doch eine übermäßige Bindung an ein bestimmtes Kleidungsstück oder Spielzeug bedeutet nicht, dass er selbstsüchtig oder habgierig wäre – solche Dinge bedeuten etwas Sicheres und Dauerhaftes für ihn, und man muss sein unbestrittenes Besitzrecht an ihnen würdigen. Vielleicht wird er auch durch eine Phase gehen, in der er Dinge hortet – Nahrungsmittel, Spielzeug, Taschengeld und alte, zu klein gewordene Kleidungsstücke, die man normalerweise wegwerfen würde, an denen er aber hängt, weil sie eine bestimmte Bedeutung für ihn haben. Wenn er sich allmählich sicherer fühlt, werden diese extremen Äußerungen seiner Ängste in aller Stille von selbst verschwinden.

2. Die Herausforderung, selbständig zu sein

Er könnte die materielle Welt auch oft als Bedrohung empfinden und aus Angst, er werde damit nicht zurechtkommen, ein Abwehrverhalten entwickeln. Besondere Beziehungen könnten eine Intensität annehmen, in der sich die Projektion all seiner komplizierten Sicherheitsbedürfnisse auf diese Beziehung spiegelt. Der Vater, die Mutter, ein Bruder, eine Schwester, ein Freund, eine Freundin oder sogar ein Haustier könnten zu einer Art magischem Talisman werden, dessen Gegenwart in seinem Leben ihm körperliche Sicherheit und Unversehrtheit garantiert und dessen Liebe und Zustimmung sein inneres Gefühl des eigenen Wertes und der eigenen Liebenswürdigkeit bestätigen. Eine so starke Abhängigkeit mag von einem intensiv besitzergreifenden Verhalten begleitet sein, auch wenn er solche Gefühle nicht wahrhaben oder offen zeigen will. Doch er könnte sich zutiefst verletzt oder erniedrigt fühlen, weil der geliebte Mensch auch noch andere Beziehungen und Interessen braucht. Jeden Versuch, größere Unabhängigkeit innerhalb der Beziehung zu ermöglichen, könnte er leicht als Ablehnung deuten.

Wie gut angepasst er nach außen hin auch erscheinen mag, er befürchtet, dass jede Unvollkommenheit in seiner äußeren Erscheinung mit Sicherheit für emotionale Ablehnung sorgen wird. Er ist besonders empfindlich in Bezug auf sein Gesicht und seinen Körper, und ganz gleich, wie attraktiv und schön er in den Augen der Eltern und Gleichaltrigen auch sein mag, hegt er möglicherweise tiefe Gefühle der Unsicherheit – wenngleich ihm diese Ängste viel zu peinlich sein werden, als dass er mit anderen darüber sprechen würde. Diese Gefühle werden sich vermutlich auf etwas konzentrieren, das er als schlimmen körperlichen „Mangel“ erlebt – seine Arme sind zu kurz oder zu lang, seine Beine zu stark behaart oder zu glatt, seine Nase zu groß oder zu klein, sein Haar ist zu stark gelockt oder nicht lockig genug. Jeder Spott von Familienmitgliedern oder Freunden über seine Erscheinung kann ihn tief verwunden. In diesem sehr persönlichen Bereich seines Lebens braucht er sehr viel Bestätigung – die Eltern sollten es nicht an großzügigem Lob und an Komplimenten fehlen lassen und ihn immer wieder dazu ermutigen, an seine eigene Attraktivität zu glauben. Gibt es in der Familie Hemmungen oder Scham in Bezug auf körperliche Dinge, so könnte dies seine Angst noch verstärken, und jegliche Gehässigkeit oder schneidende Kritik würde seine Selbstzweifel nur verschlimmern. Die Eltern sollten daran denken, ihm genau das zu sagen, was sie selbst als Kinder gern gehört hätten.

Hinter all diesen sehr persönlichen Verteidigungsmechanismen steht eine grundlegende menschliche Herausforderung – die Frage nach der individuellen Fähigkeit, in einer schwierigen Welt zu überleben und einen echten Beitrag zu leisten. Es ist weder „neurotisch“, noch leider er unter irgendeinem außergewöhnlichen Problem. Sein Streben nach Selbständigkeit und seine Angst vor dem Versagen entstammen der instinktiven Gewissheit, dass man im Leben bekommt, wofür man gearbeitet hat, und dass ein Gefühl echter Sicherheit letztlich nur dann gewährleistet ist, wenn man ausdauernd ist und auf die eigenen inneren Kräfte und Fähigkeiten vertraut. Wenn er heranwächst, wird er zu einem festen und beständigen Selbstwertgefühl finden, indem er etwas Greifbares aus seinen Talenten macht, in welchem Bereich sie auch liegen mögen. Dieses Thema ist für seine künftige Entwicklung so wichtig, dass er schon während seiner Kindheit befürchtet, er werde sein Ziel nicht erreichen können – selbst wenn das Ziel noch gar nicht bekannt ist oder in Worte gefasst wurde. In einer Umgebung, die allzu großen Wert auf materielle Errungenschaften legt und allzu wenig darauf achtet, wer er wirklich ist, würde es ihm schwerfallen, großes Selbstvertrauen zu entwickeln. Denn ohne Ansehen seiner emotionalen, schöpferischen oder intellektuellen Gaben neigt er im Innersten dazu, seinen Wert für andere in materiellen Begriffen zu definieren. Wenn man ihm helfen kann, den Unterschied zwischen äußerem Erfolg und dem Gefühl innerer Selbstachtung und Festigkeit zu verstehen, wird er gut gerüstet sein, um dieser existentiellen menschlichen Herausforderung zu begegnen.

V. Ausblick auf die Zukunft

1. Die grenzenlosen Weiten der Phantasie

Er liebt es, die Realität mit Bildern aus seiner inneren Welt auszuschmücken, und sein Verstand ist stark auf künftige Potentiale und Möglichkeiten eingestellt. Wahrscheinlich ist es besonders wichtig für ihn, sich Wissen über alle möglichen, scheinbar zusammenhanglosen Dinge anzueignen. Außerdem wird er versuchen, allem, was er studiert, eine individuelle Note zu verleihen. Da er sich wahrscheinlich mehr für die größeren Zusammenhänge interessiert als für einzelne, spezialisierte Wissensgebiete, braucht er eine schulische Umgebung, in der die Lehrer wissen, dass Musik und Mathematik manches gemeinsam haben und dass man Geschichte nicht studieren kann, ohne sich auch mit dem Wesen des Menschen zu befassen. Eine solche ganzheitliche und weitreichende Geisteshaltung könnte dazu führen, dass er außergewöhnlich gut in Fächern ist, die er inspirierend findet, während er vielleicht weniger gut ist, wenn das Fach zu nüchtern oder der Lehrer zu einseitig ist. Auf die Inspiration kommt es an – er braucht das Gefühl, dass sein Verständnis mit dem Entdecken bedeutungsvoller Zusammenhänge zunimmt sich vertieft, nicht, dass es unter allzu vielen Tatsachen, die er sich einprägen muss, leidet. Da er sehr gerne lernt und Ideen austauscht, könnte die Schule eine glückliche Erfahrung für ihn sein – besonders wenn er Dinge studieren kann, die sehr umfassend und mit anderen Wissensgebieten verknüpft sind. Er kann gut mit abstrakten Vorstellungen umgehen, und wahrscheinlich wird ihn das Studium des menschlichen Wesens immer wieder aufs Neue faszinieren. Gruppendiskussionen und die Teilnahme am Unterricht sind wichtig für ihn, ebenso das Erforschen neuer Ideen. Eine stark traditionell oder autoritär geprägte Atmosphäre im Klassenzimmer wird ihn nicht nur langweilen, sondern könnte ihn sogar mürrisch, schwierig und rebellisch werden lassen.

Er mag während seiner Schulzeit vielleicht nicht gerade ein akademisches Feuerwerk abbrennen, obgleich sein Denken sehr tief und umfassend ist. Das liegt daran, dass er sich oft seiner Fähigkeiten nicht sicher ist und befürchtet, von anderen für dumm gehalten zu werden. Am glücklichsten wird er sein, wenn er beim Lernen sein Tempo selbst bestimmen kann und die Eltern sich möglichst wenig einmischen und keinen Druck auf ihn ausüben. Seine besten Leistungen wird er erbringen, wenn man ihn dazu ermutigt, die richtigen Mittel und Wege zum Ausdruck seiner kreativen Ideen und Talente zu finden, statt von ihm zu verlangen, sich bei Schulaufgaben oder Prüfungen besonders hervorzutun.

Vor allem braucht er Unterstützung bei seinem Unternehmen, sich eine umfassendere Lebenseinstellung anzueignen. Wissen ist für ihn ein wichtiges Mittel, um all die faszinierenden Verbindungen zwischen den verschiedenen Dimensionen des Lebens zu entdecken, denn für ihn ist die ganze Welt in Wirklichkeit eine Bühne, und alle Menschen sind Schauspieler in diesem großen Theater. Wissen ohne Phantasie, Farbe und Aussicht auf künftige Möglichkeiten – mit anderen Worten, Tatsachen um ihrer selbst willen – werden für einen so phantasiebegabten und forschenden Verstand nicht sehr verlockend sein. Selbst wenn er die Naturwissenschaften bevorzugt, wird er sich vermutlich einer experimentellen Richtung zuwenden, weil er hier viel mehr offene Türen finden kann. Er hat ein ausgeprägtes intuitives Gespür dafür, wo seine eigenen, individuellen Prioritäten liegen.

Während seiner Schulzeit wird er am glücklichsten und produktivsten sein, wenn er die Möglichkeit hat, auch zu spekulieren und zu träumen.

2. Auf der Suche nach dem großen Abenteuer

Sein Geist ist wie ein Vogel, der, wie schön und angenehm es zu Hause auch sein mag, früher oder später in die Lüfte entschwinden wird, um neuen, fernen Horizonten zuzustreben – sei es im Geiste oder körperlich. Welche Schwierigkeiten er während seiner Kindheit auch erleben mag und welche Ängste er auch durchstehen und überwinden muss, auf der tiefsten Ebene hat er eine unstillbare Sehnsucht danach, das Leben als ein großartiges und inspirierendes Abenteuer zu erfahren, bei dem alle Schwierigkeiten in Wirklichkeit Gelegenheiten sind und jede denkbare Zukunft besser ist als das Bisherige.

Seine besondere Empfindsamkeit für die verborgenen Wege des menschlichen Herzens wird dafür sorgen, dass er mit der Tatsache verbunden bleibt, dass es so etwas wie eine größere Gemeinschaft der Menschheit gibt. Dies wird ihm später nicht nur helfen, seinen rastlosen Geist etwas im Zaum zu halten, sondern es wird ihn auch in seinen Reaktionen auf andere sowie in seinen Zielsetzungen mitfühlend und einsichtsvoll machen. Wenngleich sich seine Ziele im Laufe der Reise mehrfach ändern mögen, wird er doch nie oberflächlich oder selbstbezogen sein. All seine Streifzüge und Erkundungen werden nicht nur seine eigene Weltanschauung erweitern, sondern auch sein Verständnis für andere vertiefen und ihn empfänglicher für deren Bedürfnisse machen.

Wenn es nur eine Erkenntnis gäbe, die seine Eltern in Bezug auf ihn zu ihrem eigenen Vorteil gewinnen sollten, so wäre es die, dass seine ständig sich erweiternde Vorstellung vom Leben es ihm nie erlauben wird, sich einfach nur damit zufriedenzugeben, wie die Dinge sind oder schon immer waren. Auch tiefen emotionalen Bindungen und Sicherheitsbedürfnissen zum Trotz wird sein Drang zu lernen, zu reisen und das Leben zu verstehen ihn immer in Bewegung halten – und wenn andere sich weigern, ihn auf seiner inneren Reise zu begleiten, wird er diese Menschen schließlich zurücklassen müssen. Um in einem Beruf oder bei einer Berufung Erfüllung zu finden, sollte es ihm die eingeschlagene Richtung erlauben, seine Horizonte sowohl geistig als auch körperlich immer wieder zu erweitern, denn sobald er ein bestimmtes Ziel erreicht, wird er sich instinktiv nach einem neuen umsehen. Er ist ein wirklich unerschrockener Forscher – es bleibt nur zu hoffen, dass die Menschen, die ihn lieben, nie auf seinen Zukunftsträumen herum trampeln werden.

Printed by Books on Demand GmbH, Norderstedt / Germany